BEI GRIN MACHT SICH IHR WISSEN BEZAHLT

- Wir veröffentlichen Ihre Hausarbeit, Bachelor- und Masterarbeit

- Ihr eigenes eBook und Buch - weltweit in allen wichtigen Shops

- Verdienen Sie an jedem Verkauf

Jetzt bei www.GRIN.com hochladen und kostenlos publizieren

Sabine Neureiter

Diesseits oder Jenseits? Zum Geburtsmythos der Hatschepsut

Bibliografische Information der Deutschen Nationalbibliothek:

Die Deutsche Bibliothek verzeichnet diese Publikation in der Deutschen Nationalbibliografie; detaillierte bibliografische Daten sind im Internet über http://dnb.d-nb.de/ abrufbar.

Dieses Werk sowie alle darin enthaltenen einzelnen Beiträge und Abbildungen sind urheberrechtlich geschützt. Jede Verwertung, die nicht ausdrücklich vom Urheberrechtsschutz zugelassen ist, bedarf der vorherigen Zustimmung des Verlages. Das gilt insbesondere für Vervielfältigungen, Bearbeitungen, Übersetzungen, Mikroverfilmungen, Auswertungen durch Datenbanken und für die Einspeicherung und Verarbeitung in elektronische Systeme. Alle Rechte, auch die des auszugsweisen Nachdrucks, der fotomechanischen Wiedergabe (einschließlich Mikrokopie) sowie der Auswertung durch Datenbanken oder ähnliche Einrichtungen, vorbehalten.

Impressum:

Copyright © 2006 GRIN Verlag GmbH
Druck und Bindung: Books on Demand GmbH, Norderstedt Germany
ISBN: 978-3-656-50580-8

Dieses Buch bei GRIN:

http://www.grin.com/de/e-book/262195/diesseits-oder-jenseits-zum-geburtsmythos-der-hatschepsut

GRIN - Your knowledge has value

Der GRIN Verlag publiziert seit 1998 wissenschaftliche Arbeiten von Studenten, Hochschullehrern und anderen Akademikern als eBook und gedrucktes Buch. Die Verlagswebsite www.grin.com ist die ideale Plattform zur Veröffentlichung von Hausarbeiten, Abschlussarbeiten, wissenschaftlichen Aufsätzen, Dissertationen und Fachbüchern.

Besuchen Sie uns im Internet:

http://www.grin.com/

http://www.facebook.com/grincom

http://www.twitter.com/grin_com

Diesseits oder Jenseits?
Zum Geburtsmythos der Hatschepsut

Erstmals publiziert in:
Kemet - Die Zeitschrift für Ägyptenfreunde,
Deir el-Bahari,
Bd. 2, 2006, Kemet Verlag, Berlin, 8ff
(www.kemet.de)

In Kemet, Bd. 3, 2006 erschien ein kritischer Leserbrief zu diesem Artikel. Hier angehängt ist die in Kemet, Bd. 1, 2007 erschienene Antwort auf den Leserbrief und zusätzlich dazu eine unveröffentlichte Ergänzung.

von

Sabine Neureiter, M.A.

Vorwort

Bei meinen Kemet-Artikeln handelt es sich um Texte, in denen ich versuche auf wenigen Seiten viele Informationen zu liefern. Der inhaltliche Rahmen ergibt sich aus dem Titel-Thema der jeweiligen Kemet-Ausgabe. Alle Artikel in den Kemet-Magazinen sind bebildert; die Fotos ergänzen die Texte.

Mir war bei jedem einzelnen Artikel wichtig, nicht lediglich schon bekannte und überall nachzulesende Informationen zusammenzustellen und nachzuerzählen. Ich betrachte alle Themen aus einer über den Tellerrand der Ägyptologie hinausgehenden Perspektive und stelle oftmals Thesen in den Raum, die eine Diskussion anstoßen sollen. Es handelt sich dabei aber immer um begründete und nicht aus der Luft gegriffenen Überlegungen.

Für viele meiner Artikel bilden ethnologische, soziologische oder religionswissenschaftliche Ansätze den Rahmen, um alternative Sichtweisen zu ermöglichen. Dabei gehe ich durchaus – aus ägyptologischer Sicht – etwas provokativ an ein Thema heran. Aber immer nur mit dem Ziel, neue oder unbekanntere Aspekte darzustellen.

Um altbekannter Kritik von vornherein entgegenzutreten: Grundsätzlich ist ein über räumliche und zeitliche Grenzen hinwegreichender Kulturvergleich ebenso statthaft wie ein sich ausschließlich an die Originalquellen haltender Versuch, Erkenntnisse über die altägyptische Kultur zu gewinnen. Das Argument, es handle sich bei dem einen um eine anachronistische und bei dem anderen um die einzig akzeptable Vorgehensweise, greift nicht. Denn schließlich findet auch das sprachwissenschaftlich fundierte Interpretieren einer altägyptischen Originalquelle alles andere als zeitnah zu ihrer Entstehung statt. Und eine Quelle aus der ägyptischen Spätzeit ist immerhin auch schon zweitausend Jahre jünger als etwa eine aus der Pyramidenzeit, so dass die Interpretationsergebnisse der jüngeren Quelle als anachronistisch bewertet und zum Verständnis der älteren nicht herangezogen werden dürften, wollte man dieser Argumentation folgen.

Nicht nur der Kulturvergleich, sondern gerade auch der interdisziplinäre Ansatz erweitert unseren Verstehenshorizont. Dann finden sich Antworten auf Fragen, die sich aus ägyptologischer Sicht nie stellen würden und werfen Licht auf unbeachtete oder unbekannte kulturelle Phänomene. Auch scheinbar wissenschaftlich längst bearbeitete Bereiche müssen immer wieder auf den Prüfstand; allein, weil jedem Wissenschaftler und jeder Wissenschaftlerin eine subjektive Sichtweise zueigen ist und jeder Versuch, Subjektivität aus der Arbeit auszuschließen und reine Objektivität walten zu lassen, niemals gelingen kann.

Letztendlich kann es immer nur darum gehen, ein weiteres kleines Fenster zum Verständnis der altägyptischen Kultur aufzustoßen.

Diesseits oder Jenseits?
Zum Geburtsmythos der Hatschepsut

Um es gleich vorweg zu schicken: Es ist unmöglich das Thema Geburtsmythos im Alten Ägypten auf wenigen Seiten umfassend darzustellen. Dafür gibt es einfach zu viele verschiedene Herangehensweisen an das Thema, mit ganz unterschiedlichen Schwerpunkten. So ist es z.B. möglich, den Geburtsmythos philologisch und ikonographisch bis zu seinen Ursprüngen zurück zu verfolgen. Möglich wäre es auch, seinen Überlieferungsweg bis in die griechisch-römische Zeit und eventuell sogar seinen Einfluss auf die benachbarten Kulturen zu untersuchen. Wir könnten z.b. auch die Geburtsmythen anderer Könige des Neuen Reiches, wie die von Amenophis III. oder Ramses II., der Version von Hatschepsut gegenüberstellen und vergleichen.

Ich möchte den Geburtsmythos der Hatschepsut aber etwas theoretischer und vielleicht auch etwas allgemeiner angehen, als dies bis jetzt geschehen ist. Mir geht es hier um die Frage, wie sich der Geburtsmythos verstehen lässt, wenn wir die von ihm geschilderten Ereignisse uneingeschränkt als wahr betrachten. Und um dieses Experiment starten zu können, möchte ich zunächst darlegen, wie Mythen zu verstehen sind. Dabei halte ich mich an Walter Otto, der meiner Meinung nach die Essenz dessen, was einen Mythos ausmacht, sehr eindrücklich beschrieben hat.

Was ist ein Mythos?

„Die alten Kulturen, wie auch heutige Naturvölker, unterscheiden unter ihren fabulösen Erzählungen eine besondere Gattung, der die höchste Ehrfurcht gebührt, nicht weil sie im höchsten Maße wunderbar ist, sondern weil die den Charakter der Heiligkeit besitzt. Und diese Unterscheidung beruht nicht auf bloßer Tradition oder der scheinbaren Würde einer archaischen Denkweise. Dieser eigentliche Mythos hat wirklich ein unvergleichliches Wesen: er ist dynamisch, er besitzt eine Macht, er greift gestaltend ins Leben hinein! Das ist etwas ganz anderes, als wenn erfahrungsgemäß abergläubische Vorstellungen eine gewisse Macht ausüben. Hier ist echte Produktivität, hier entstehen unvergängliche Gestalten, hier wird der Mensch neu geschaffen. Der ursprüngliche und echte Mythos ist nämlich nicht ohne den Kultus denkbar, d.h. ein feierliches Verhalten und Tun, das den Menschen in eine höhere Sphäre erhebt." Der Mythos „ist nicht bloß ein Bild des mythischen Geschehens, sondern dieses Geschehen selbst, im vollen Sinne des Wortes." So wie „die kultischen Handlungen, Handlungen und Gestaltungen selbst der Mythos sind, so ist auch das heilig Ausgesagte selbst die unmittelbare Erscheinung der göttlichen Gestalt und ihres Waltens".[1]

Darauf, dass wir es bei dem Geburtsmythos der Hatschepsut nicht mit einer Geburtsgeschichte, Legende oder gar „teilmythisierten Geburtslegende" zu tun haben, wie dies oft genug fälschlich und verwirrend in der ägyptologischen Literatur zu lesen ist, hat

---

[1] Walter F. Otto, Theophania. Der Geist der altgriechischen Religion, 1956, 24ff

schon Hartwig Altenmüller hingewiesen. Zum einen gehört die Bildfolge zum Kanon der Tempelinschriften.[2] Die Geburtsmythen sind also an sakralen Orten angebracht, die dem jenseitigen, götterweltlichen Bereich zugehören. Und zum anderen gehören alle erwähnten und dargestellten Rollenträger der Götterwelt an. Mit den Worten Altenmüllers: „Die Welt des Geburtsmythos ist die Götterwelt."[3]

Bevor wir uns auf das erwähnte Experiment einlassen, den Geburtsmythos der Hatschepsut, so wie wir ihn heute vorfinden, als wahr zu akzeptieren und seinen Sinn aus dieser Sichtweise heraus entsprechend zu deuten, soll er im Folgenden kurz vorgestellt werden.

Der Geburtsmythos

Der Geburtsmythos ist ein Bildzyklus, der die Zeugung Hatschepsuts durch Amun beschreibt. Angebracht ist die Bildfolge im Nordflügel der mittleren Terrasse ihres Totentempels in Deir el-Bahari. In fünfzehn Einzelbildern wird die göttliche Zeugung und die anschließende Geburt Hatschepsuts dargestellt. Der Text, der die Bilder begleitet, bezieht sich auf eine Königin - nicht auf einen König - und weicht insofern von der „Norm" ab. Das führt im Text verschiedentlich zur Verwechslung der weiblichen und männlichen Pronomina und Artikel. Statt von „Tochter" ist manchmal auch von „Sohn" die Rede. Die Bilder selbst zeigen die Geburt eines kleinen Jungen:

Amun verkündet, einen neuen König zu zeugen (I) und schickt Thot auf die Suche nach der zukünftigen Mutter (II). Thot geleitet Amun zu der Erwählten. Es ist die Ehefrau Thutmosis' I., Iahmes. Thutmosis I. selbst wird als Kind bezeichnet. (III). Amun wohnt der zukünftigen Königsmutter auf einem Löwenbett bei (IV). Er beauftragt Chnum, das Kind zu bilden (V). Chnum formt das Kind und seinen Ka auf der Töpferscheibe, und Heket belebt es (VI). Thot verkündet der Königsmutter die bevorstehende Geburt des Kindes (VII). Chnum und Heket geleiten die schwangere Königsmutter zur Geburt (VIII), die das Kind auf einem Löwenbett gebiert (IX). Hathor präsentiert das Kind dem Amun (X), der es liebkost (XI). Die Mutter und göttliche Ammen betreuen das Kind auf einem Löwenbett (XII). Zwei Gottheiten präsentieren das Kind der Götterwelt (XIII). Thot überreicht es anschließend Amun, der es segnet (XIV). Gottheiten nehmen die Beschneidung vor (XV).

Emma Brunner-Traut übersetzt den zentralen Teil dieser Niederschrift wie folgt: „Es kam der herrliche Gott, Amun, der Herr der Throne der beiden Länder, nachdem er die Gestalt der Majestät ihres (der Iahmes) Gemahls angenommen hatte, des Königs von Ober- und Unterägypten, Thutmosis' I. Er fand sie (Iahmes), wie sie im Innersten des Palastes ruhte. Da erwachte sie durch den Duft des Gottes, und sie lächelte Seiner Majestät entgegen. Sogleich ging er hin zu ihr und ward voller Verlangen nach ihr. Er ließ sie in sein Herz schauen und gab sich ihr zu erkennen in seiner Gottesgestalt, nachdem er zu ihr herangetreten war. Sie freute sich, seine Schönheit zu schauen, und seine Liebe ging über in ihren Leib. Der Palast

---

[2] Fragmente finden sich in verschiedenen Götter- und Totentempeln, s. Hellmut Brunner, Die Geburt des Gottkönigs. Studien zur Überlieferung eines altägyptischen Mythos, 1986

[3] Hartwig Altenmüller, Auferstehungsritual und Geburtsmythos, in: SAK 24, 1997, 11

flutet von dem Duft des Gottes, und alle seine Wohlgerüche waren Düfte aus Punt. Die königliche Gemahlin und Königsmutter Iahmes sprach zu der Majestät des herrlichen Gottes Amun, des Herrn der Throne der beiden Länder: ‚Mein Herr, wie groß ist dein Ruhm! Wie herrlich ist es, dein Angesicht zu schauen! Du hast Meine Majestät mit deinem Glanz umfangen. Dein Duft ist in allen meinen Gliedern.' (So sprach sie), nachdem die Majestät dieses Gottes alles, was er wollte, mit ihr getan hatte. Dann sprach Amun, der Herr der Throne der beiden Länder, zu ihr: ‚Hatschepsut ist also der Name dieser deiner Tochter, die ich in deinen Leib gelegt habe, entsprechend dem Ausspruch deines Mundes. Sie wird das herrliche Königtum im ganzen Land ausüben. Mein Ruhm wird ihr gehören. Sie wird die beiden Länder (Ägypten) beherrschen ... Ich werde sie alle Tage mit meinem Schutz umgeben gemeinsam mit dem Gotte des jeweiligen Tages."[4]

Das Experiment

Betrachtet man die einzelnen Bilder dieses Mythos, so könnte man zu der Meinung gelangen, ein Teil des dargestellten Ereignisses spiele in der Götterwelt und ein anderer in der Welt der Menschen. Die meisten ägyptologischen Interpretationen beruhen genau auf dieser Annahme. Ein Gott begibt sich in den königlichen Palast, in der Folge wird, ebenfalls im Palast, ein Kind geboren, das von göttlichen Ammen aufgezogen wird. Dies ist zumindest oberflächlich gesehen der Inhalt der Aufzeichnung. Aber wäre dies alles, dann könnten wir auf keinen Fall von einem Mythos sprechen. Mythen drehen sich nicht um einen einzelnen Menschen, sondern betreffen das ganze Universum. Die Rituale, die Kulthandlungen, die einen Mythos ergänzen, halten die ganze Welt in Gang.

Ginge es nur um Hatschepsut, dann hätten wir es tatsächlich nur mit einer Legende zu tun, die für diese Königin erfunden worden wäre. Dass dem nicht so sein kann, zeigt allein die Tatsache, dass auch andere Könige Geburtsmythen aufzeichnen ließen. Die Bildfolge muss also einen überindividuellen Sinn enthalten.

Wenn wir den Mythos richtig verstehen wollen, dann müssen wir von den tatsächlichen Gegebenheiten ausgehen und diese für die Interpretation zu Grunde legen: 1) Die Eltern der Hatschepsut waren zum Zeitpunkt der Aufzeichnung des Mythos schon tot. 2) Der Mythos wurde im Millionenjahrhaus der Königin aufgezeichnet, in ihrem Totentempel, in dem die Kulthandlungen für ihr ewiges Weiterleben vollzogen wurden. 3) Hatschepsut war ebenfalls schon tot, als der Kult in ihrem Totentempel aufgenommen wurde.

Meine Interpretation baut auf der von Hartwig Altenmüller auf. Seiner Meinung nach handelt es sich bei dem Geburtsmythos der Hatschepsut um die Beschreibung von Geschehnissen, die in der Götterwelt stattfinden. Er meint, beschrieben werde die Wiedergeburt der Königin. Und dieser Meinung bin ich ebenfalls. Ich denke, dass der Geburtsmythos eigentlich als Wiedergeburtsmythos bezeichnet werden müsste.

Leider mangelt es Altenmüllers Deutung an der gleichen Konsequenz, wie allen anderen im

---

[4] Emma Brunner-Traut, Altägyptische Märchen, 1991, 119

Folgenden vorgestellten Interpretationen auch. Die Weltenebenen werden vermischt, Grenzen zwischen Diesseits und Jenseits, zwischen Götterwelt und Menschenwelt werden verwischt. Das Experiment wird sein, die Seinssphären nicht zu verwechseln, die Weltengrenzen einzuhalten und die göttlichen Taten und übernatürlichen Ereignisse, die der Geburtsmythos beschreibt, als wahr zu betrachten. Zunächst aber sollen die bekanntesten und dabei völlig unterschiedlichen Deutungen, wie sie in der ägyptologischen Literatur zu finden sind, vorgestellt werden.

„Der Mythos dient der Legitimation"

Die bekannteste und auch in der Literatur immer wieder aufgegriffene Deutung geht davon aus, dass die abgebildete göttliche Zeugung der Königin zur Legitimation ihrer Herrschaft diente. Schließlich wäre sie als Frau nicht berechtigt gewesen, den Thron zu besteigen. Henri Frankfort z.b. bezeichnet die Tatsache ihrer Machtübernahme als „theological monstrosity".[5] Und um ihren „illegalen" Herrschaftsanspruch zu legitimieren, erfand sie, so die Erklärung, im Nachhinein die Legende ihrer göttlichen Zeugung. Einer „leiblichen" Tochter des Reichsgottes Amun hätte man den Thron wohl nicht verweigern können. Der Geburtsmythos belege also die göttliche Abstammung Hatschepsuts und ihre Einsetzung als Herrscherin durch Amun. Damit wäre ihre Machtübernahme göttlich sanktioniert gewesen.

Gegen diese Deutung sprechen aber verschiedene Überlegungen: 1) Auf Grund der ungewöhnlichen Machtübernahme Hatschepsuts, die an Stelle des eigentlichen Thronfolgers Thutmosis III. die Herrschaft übernahm, ist die Notwendigkeit einer Rechtfertigung mittels des Geburtsmythos zwar nachvollziehbar. Aber wie sieht dies bei einem König wie Amenophis III. aus, dessen Herrschaftsanspruch unbestritten war, dessen Geburtsmythos aber ebenfalls überliefert ist? Er brauchte keinen Beweis seiner Legitimation.

2) Es stellt sich zudem die Frage, weshalb eine bereits inthronisierte Königin dieser Form der Legitimation bedurfte? Zum Zeitpunkt der Anbringung des Mythos in ihrem Totentempel war sie auf dem Höhepunkt ihrer Macht angelangt. Abgesehen davon hatte die Bevölkerung keinen Zutritt in die Tempel, hätte auf diese Weise also nicht von ihrer Legitimität überzeugt werden können. 3) Die Priester hatten ihre Zustimmung zur Machtübernahme Hatschepsuts schon vor der Krönung gegeben, was zusätzlich durch einen Orakelspruch des Amun öffentlich bestätigt wurde. Ohne diesen Rückhalt in der Priesterschaft hätte Hatschepsut niemals die Herrschaft über Ägypten antreten können.

„Der Mythos beweist die Doppelnatur der Königin"

Eine andere Deutung sieht in dem Geburtsmythos den bildhaften Ausdruck der „Doppelnatur des Königs als Gott und Mensch". Für Emma Brunner-Traut ist der altägyptische Geburtsmythos ein Beleg für das spezielle Vater-Sohn-Verhältnis des Königs zu den Göttern. „Der Pharao ist Gottes Sohn und trägt als solcher den Titel ‚Sohn des (Sonnen-) Gottes',

---

[5] Henri Frankfort, Kingship and the Gods, 1978, 105. Hatschepsuts Name fehlt in allen bekannten Königslisten.

außerdem aber mit seiner Thronbesteigung den Titel ‚Horus', welcher ihn legitimiert als Gott. Nach seinem Tode wird der König wie alle seine Väter zu Osiris, während sich in seinem Sohne Horus der Gott aufs neue inkarniert. Die Horusnatur ist der mythische Ausdruck für die Rechtmäßigkeit des Throninhabers."[6]

Brunner-Traut hält den Geburtsmythos für die literarische Quelle der Gottessohnschaft Jesus, denn es tauchten nahezu alle Motive der Weihnachtsgeschichte auf: pneumatische Zeugung (Amun/Heiliger Geist), Jungfrauengeburt (Königsmutter/Maria), Verfolgung des Kindes (Seth/Herodes), Geburt des Retters (Horus/Jesus) und die damit beginnende Heilszeit.

Auch gegen diese Deutung gibt es erhebliche Einwände: 1) Es werden zur Erklärung zwei verschiedene Mythen vermischt: der Geburtsmythos mit dem Osirismythos, in dem die Zeugung des Horus beschrieben wird. 2) Der Weihnachtsmythos um die Geburt des Heilsbringers wird zur Deutung herangezogen, und der Geburtsmythos wird dahingehend interpretiert. 3) Geburtsmythen, die die göttliche Zeugung zum Thema haben, gibt es weltweit in den unterschiedlichsten Kulturen. Sie finden sich aber nicht - wie im Alten Ägypten - im Kontext eines Totenkults. Insofern ist der altägyptische Geburtsmythos anders zu verstehen. 4) Brunner-Traut macht die Jungfrauenschaft der Königinmutter an der Beschreibung Thutmosis' I. als Kind fest. Wir haben es aber mit einem Mythos zu tun, und es brauchte sicher nicht den noch nicht mannbaren Thutmosis I. als Beweis dafür, dass die Königinmutter noch Jungfrau und Amun ganz sicher der Vater der Hatschepsut war. Brunner-Traut deutet die Beschreibung Thutmosis' I. als Kind wie einen notwendigen Beweis für die Vaterschaft Amuns.

„Der Mythos symbolisiert den Neuanfang"

Jan Assmann hält den Geburtsmythos für eine Art Vorform eines Mythos, denn das beschriebene Geschehen spiele nicht nur in der Götterwelt, sondern auch in der menschlichen Welt. Darin sieht er einen Antagonismus, der allerdings durch die göttliche Zeugung aufgehoben würde. Amun begibt sich in der Gestalt eines Menschen in die Menschenwelt und zeugt die zukünftige Königin, die dann beiden Welten angehört.

Assmann hält nicht die Geburt für das zentrale Geschehen, das im Mythos beschrieben wird, sondern die Krönung der Hatschepsut. Diese interpretiert er allerdings als eine Neugeburt. Um diese Deutung zu stützen, fügt er den fünfzehn Bildern des Geburtsmythos zwei weitere hinzu, die sich räumlich an etwas anderer Stelle befinden. Die beiden zusätzlichen Bilder sind: die Reinigung des Kindes (XVI) und die Präsentation der neuen Königin durch Amun (XVII). Durch diese Hinzufügung sind sämtliche die Thronfolgerin als kleines Kind darstellende Szenen zusammengefasst, was inhaltlich befriedigender wirke, „weil sich nun Anfang und Ende, Verheißung und Präsentation des künftigen Königs vor der Göttergemeinschaft, genauer entsprechen".[7]
Ebenso wie Brunner-Traut sieht auch Assmann Gemeinsamkeiten zwischen dem

---

[6] Emma Brunner-Traut, Gelebte Mythen. Beiträge zum altägyptischen Mythos, 1988, 34

[7] Jan Assmann, Ägyptische Geheimnisse, 2004, 69

altägyptischen Geburtsmythos und dem christlichen Weihnachtsmythos. Assmann erkennt in letzterem eine Wiederverwendung des altägyptischen „Kind-Imagos": Die Geburt symbolisiere bei der Krönung eines neuen Königs die Erneuerung der Zeit und der Fruchtbarkeit. Er bezeichnet die Thronbesteigung als eine Heilswende im Sinne der Wiederherstellung eines ursprünglichen Zustands bei Antritt der Herrschaft durch den neuen König. Dazu zähle auch der Friede auf Erden: Eine „utopische Idee der globalen Befriedung, die man sich in der Form der dem Kinde verheißenden Weltherrschaft dachte". Assmann meint sogar: „Von diesen Bezügen ausgehend, möchte man es doch für alles andere als zufällig halten, daß uns der Bildzyklus der Geburt des Kindes gerade bei denjenigen Königen erhalten ist, die eine ausgeprägte Friedenspolitik verfolgt haben: Hatschepsut, Amenophis III. und Ramses II."[8]

Auch gegen Assmanns Interpretation gibt es Einwände: 1) Gegen den Pazifismus der genannten Könige sprechen ihre durchgeführten Feldzüge. Grundsätzlich macht sich die Zahl der Feldzüge eher an den innen- und außenpolitischen Gegebenheiten fest, als am Charakter eines Herrschers. 2) Um der Schwierigkeit der Deutung der im Geburtsmythos auftauchenden königlichen Familie aus dem Weg zu gehen, verlagert auch Assmann einen Teil des Geschehens in die menschliche Welt und bezeichnet die Bildfolge als „mythische Konstellation", als Vorform eines Mythos. 3) Außerdem muss Assmann für seine Interpretation, es ginge in dem Geburtsmythos um die Krönung, der Bildfolge Szenen hinzufügen.

Bevor ich nun etwas ausführlicher auf Hartwig Altenmüllers Interpretation eingehen werde, möchte ich noch einmal Walter Otto zu Wort kommen lassen. Er erhellt den Zusammenhang von Kulthandlungen und Mythos. Dieser Zusammenhang ist wichtig. Und wie wir sehen werden, ist Altenmüllers Deutung des Geburtsmythos die einzige, die die Kulthandlungen mit in die Betrachtung einbezieht.

Was ist ein Kultus?

Für Otto ist Kultus und Mythos „im Grunde eines und dasselbe". Das eine kann nicht ohne das andere existieren, auch wenn beides zunächst in unterschiedlichen Seinsbereichen stattfindet.

„Daß sie beide im Grunde eines sind, versteht man leicht, sobald man sich von dem Vorurteil freimacht, als ob der Mythos etwas an den Tag brächte, das nur im Wort erscheinen kann, und nicht eben sowohl, ja vielleicht noch ursprünglicher im Verhalten und Tun des Menschen, in lebendiger und produktiver Gestaltung sich ausspricht. Man denke an die ergreifende Heiligkeit der kultischen Gebärde, der Haltungen, der Bewegungen, an die großartige Sprache der Tempelbauten und der Götterbilder! Das sind nicht weniger unmittelbare Erscheinungen der göttlichen Wahrheit des Mythos als die wörtlichen Verkündungen, die man allein als Offenbarungen gelten lassen will." Der Mythos ist, „wenn er in festlichen Begehungen als Handlung erscheint, dem Mißverständnis weniger ausgesetzt, als wenn er in der Form einer

---

[8] Assmann, Ägyptische Geheimnisse, 97

Aussage vorgetragen wird. Denn im letzteren Falle kann es scheinen, als sei nur von Vergangenem, einstmals Geschehenem die Rede. Nichts kann den Mythos mehr verfälschen als eine solche Auffassung. Wie viel besser hat ihn der geistvolle Freund des Kaisers Julian verstanden, wenn er sagte: ‚Dies ist nie geschehen, ist aber immer.' Auch bei unseren kirchlichen Akten ist das Gefühl noch nicht erstorben, daß sie keine bloßen Erinnerungsfeiern sind. Sie sind das göttliche Geschehen selbst in regelmäßiger Wiederkehr." So also verhalten sich „das Getane und das Gesagte, der Kultus und der Mythos im engeren Sinne, daß in dem Einen der Mensch selbst sich ins Göttliche erhebt, mit Göttern lebt und handelt, in dem Anderen aber das Göttliche sich herabläßt und menschlich wird".[9]

Hartwig Altenmüller geht bei seiner Interpretation einen anderen Weg als die übrigen hier vorgestellten Autoren. Er sieht den Geburtsmythos nicht als isolierte Aussage, sondern erkennt die rituellen Handlungen, die das Wort durch das Tun ergänzen. Ein Mythos ohne heilige Rituale ist kein echter Mythos. Vermutlich ist das auch der Grund dafür, weshalb sich viele Autoren so schwer mit dem Begriff Geburtsmythos tun und stattdessen lieber von Geschichte oder Legende reden. Sie wissen nichts vom zum Mythos gehörigen Kult.

„Der Mythos umschreibt die Wiedergeburt"

Altenmüller meint, es könne als gesichert gelten, dass der Mythos sich auf die Geburt der Königin in der Götterwelt beziehe, und der Geburtsmythos nicht für den lebenden, sondern für den verstorbenen König im Jenseits konzipiert wurde. Der Bildzyklus stelle also die Wiedergeburt der verstorbenen Königin in der Götterwelt dar.

Er deutet das im Geburtsmythos mehrfach vorkommende Löwenbett als zentrales Kultobjekt. Als Objekt also, an dem die Kulthandlungen durchgeführt werden, die mit dem Geburtsmythos im Zusammenhang stehen. Der Mythos beschreibt, wie es auf ihm zum Geschlechtsakt zwischen Amun und der Königinmutter kommt, wie auf ihm die Königin das Licht der Welt erblickt, und wie sie auf ihm von den göttlichen Ammen umsorgt wird. Das Löwenbett verweise, so Altenmüller, auf ein reales Bett, das in diesem Raum aufgestellt gewesen sei und an dem die Kulthandlungen des so genannten Bettrituals durchgeführt worden wären.

Im Schlaf ist die Grenze zwischen Diesseits und Jenseits fließend. Schlafende werden als Tote und Tote als Schlafende bezeichnet. Insofern symbolisiert das Bett im funerären Bereich eine Schnittstelle von der diesseitigen zur jenseitigen Welt. Das Löwenbett im Speziellen ist direkt mit dem Auferstehungsgedanken verbunden. Der Löwe ist nämlich eine Erscheinungsform des Sonnengottes und symbolisiert somit den ewigen Kreislauf von Tod und Wiedergeburt. Aus diesem Grund besaß das Bett, auf das die Mumie gelegt und auf dem auch Osiris liegend abgebildet wurde, Löwengestalt.

Die Kulthandlungen gehören zum Bettritual, das aus dem Alten Reich stammt. Es handelt sich um ein Auferstehungsritual aus dem nicht-königlichen Totenkult. Der Tote wurde als

---

[9] Otto, Theophania, 25ff

„Einer, der zum gemachten Bett gehört" (*jri-st-jrjt*) bezeichnet, seine Ehefrau als „Die von der Kopfstütze" (*wrsjt*). Das eigentliche Bettenritual beschränkte sich auf das Herrichten des Bettes für den Grabherrn. Die Grundform bestand lediglich aus dem Beziehen des Bettes mit einem Laken und dem Aufstellen einer Kopfstütze auf dem Bett.

Der Schluss, dass es sich bei dem Bettenritual um ein Auferstehungsritual handelt, ergibt sich für Altenmüller aus dem späteren Osirismythos. In den Ritualbezeichnungen des Grabherrn (*jri-st-jrjt*) und seiner Ehefrau (*wrsjt*) erkennt er die altägyptischen Namen von Osiris und Isis. Somit liegt der Ursprung des Osirismythos im Bettenritual des privaten Totenkults. Die beiden Gottheiten sind mythisierte Ritualfiguren. Aus dem Verstorbenen wurde später Osiris und aus der Ehefrau Isis. Wenn also Osiris als vom Tod auferstanden gedacht wurde, dann muss dieser Auferstehungsgedanke aus dem privaten Totenkult übernommen worden sein. So wie der Verstorbene mit Hilfe seiner Ehefrau den Tod überwinden konnte, so konnte dies später auch Osiris.

Bei Altenmüllers Interpretation handelt es sich also um einen Umkehrschluss. Er rollt die Deutung des Geburtsmythos von hinten auf. Eben weil der Osirismythos sich aus dem Bettenritual heraus entwickelte, kann er dieses erklären. Und weil die Kulthandlungen sich auf das Löwenbett konzentrieren, ist wiederum anzunehmen, dass es sich bei ihnen um ergänzende Rituale zum Geburtsmythos handelt. Der Geburtsmythos erzählt also die Wiedergeburt der verstorbenen Königin und die dazugehörigen Kulthandlungen sorgen für ihre Auferstehung.

Soweit kann ich Altenmüllers Deutung uneingeschränkt zustimmen. Er fand heraus, dass es sich bei dem Bettenritual tatsächlich um ein Auferstehungsritual und bei dem Geburtsmythos um die mythisierte Fassung dieses Rituals handelt. Die eigentliche Wiedergeburt des Verstorbenen sieht Altenmüller aber in der Geburt eines Nachkommens. Und damit unterläuft er die Grenze zwischen den Seinsbereichen. Denn der Nachkomme lebt nicht in der jenseitigen, sondern in der diesseitigen Welt.

Die Seinsbereiche sind insofern voneinander getrennt, als dass die Kulthandlungen in der Menschenwelt vollzogen werden und für das ewige Geschehen dessen sorgen, was der Mythos erzählt. Der Geburtsmythos wiederum berichtet über ein überindividuelles, allen Menschen zu Gute kommendes Ereignis in der Götterwelt. Dieses Ereignis heißt: Die verstorbene Herrscherin wird wiedergeboren, lebt ewig in der jenseitigen Welt der Ahnen und der Götter und sorgt in ihrer Funktion als Königin weiterhin für das Wohl Ägyptens.

Die Wiedergeburt

Altenmüller meint, die Ehefrau sei das Medium der Auferstehung für den Grabherrn. Sie reproduziere nach erfolgter Zeugung den Grabherrn im Sohn. So wie später im Mythos Isis dem Osiris den Sohn gebiert. Altenmüller versteht also unter der Auferstehung die Wiedergeburt des Verstorbenen in seinem Sohn und vergleicht sie mit der Geburt des Horus. Hier wird deutlich, dass Altenmüller nicht konsequent den Weg geht, den Geburtsmythos und das dazugehörige Bettenritual so wie sie überliefert wurden als wahr zu betrachten. Denn im Bettenritual findet sich weder ein Hinweis auf die postume Zeugung noch auf die Geburt eines Nachkommens. Und im Geburtsmythos gibt es keine Anhaltspunkte, die auf den Osirismythos anspielen.

Osiris stirbt ewig, wird ewig wiedergeboren und symbolisiert somit die ewige Überwindung des Todes. Der postum gezeugte Horus bezeugt lediglich, dass Osiris auferstanden ist, eben weil er zur Zeugung seines Nachkommen fähig war. Insofern symbolisiert Horus die ewige Auferstehung des Osiris. Er ist deswegen aber nicht seine Wiedergeburt. Natürlich bedarf es zur „Wiederfleischwerdung" eines Körpers, das war im Alten Ägypten aber entweder die Mumie oder die Statue.[10]

Der Osirismythos, das konnte Altenmüller belegen, entwickelte sich erst gegen Ende der 4. Dynastie aus dem Bettenritual. Von da an war der Wiedergeburtsgedanke mit Osiris verbunden, der starb und den Tod überwand.

Es existierte aber schon vor dem Auftauchen von Osiris die Idee der Überwindung des Todes. Sie machte sich am Sonnenlauf fest, am Sonnengott Re, der am Abend ermattet unterging und am Morgen verjüngt auferstand. Und so wie die täglichen Kulthandlungen der Sonnenpriester den Sonnenlauf rituell begleiteten und auf diese Weise das durch Re verkörperte Versprechen des ewigen Lebens, der Verjüngung nach dem Vergehen, garantierten, so begleiteten Priester bei den Kulthandlungen des Bettenrituals täglich - und somit ewig - die Wiedergeburt der Königin.

Das Bettenritual fand im „Geburtshaus" des Totentempels statt, also in dem Raum, auf dessen Wände der Geburtsmythos dargestellt ist. Die Ausführung der Rituale um den Geburtsmythos in der diesseitigen Welt bewirkte die Wiedergeburt der Königin im Jenseits. Hatschepsut wurde als Baby wiedergeboren, das gestillt und gepflegt werden musste. Das Kind Hatschepsut symbolisierte die Verjüngung, den Neuanfang, die Überwindung des Todes und das ewige Leben.[11]

Dies ist nach meiner Meinung auch der Grund dafür, weshalb Hatschepsuts Vater als Kind im Geburtsmythos auftaucht. Auch er war gestorben und wurde wiedergeboren. Auch er hat den Tod überwunden. Ich bin also nicht der Meinung, um nochmals Emma Brunner-Trauts Interpretation aufzugreifen, dass die Erwähnung des Kindes Thutmosis I. die Jungfrauengeburt belegen sollte. Die Beschreibung des Königs als Kind verweist auf seine schon erfolgte Wiedergeburt!

---

[10] Im Zusammenhang mit dem Bettenritual wurden auch Rituale an der Statue vollzogen (Altenmüller, Auferstehung und Geburtsmythos, 7, Anm. 39).

[11] Seit der Amarna-Zeit steht das Symbol „König als Kind" auch für den lebenden König, der nun der verjüngte Sonnengott selbst ist, die Morgensonne, die tägliche den Neuanfang garantiert, s. Ursula Rössler-Köhler, Der König als Kind, Königsname und Maat-Opfer, in: Studien zur Sprache und Religion Ägyptens, 1984, Bd. 2, 934ff

Diesseits oder Jenseits?

Wir wollen nun unser Experiment wieder aufnehmen und den Mythos zusammen mit dem dazugehörigen Kultus als wahr betrachten und entsprechend deuten.

Wenn wir davon ausgehen, dass die Kulthandlungen des Bettenrituals im Diesseits vollzogen wurden, also realweltliche Handlungen darstellten, dann können wir kaum annehmen, dass es zwischen der Ehefrau und dem Verstorbenen zum postumen Geschlechtsakt gekommen ist wie bei Osiris und Isis, oder wie es der Geburtsmythos über Amun und Iahmes erzählt. Das gemeinsame Sitzen während des Rituals auf dem Bett oder am Bett, auf dem der Leichnam aufgebahrt wurde, muss als das gedeutet werden, was es war: ein Zusammensein der Eheleute. Dieser Art Liebesdienst konnte und sollte sicher kein Kind entspringen.

In diesem Zusammenhang muss das Augenmerk auf die Tatsache gelenkt werden, dass Horus, der später Harsiese genannt wurde, nicht Sohn des Osiris meint, sondern Sohn der Isis. Es wird zuviel Aufmerksamkeit auf Horus als Osirissohn gelegt und übersehen, dass Isis ihrem Gatten nicht in Form eines Kindes, sondern auf ganz praktische Weise zur Auferstehung verhalf: Sie suchte ihn, beschützte seinen Leichnam, klagte und trauerte um ihn und erweckte ihn zu neuem Leben. Hans Bonnet schreibt über Isis: „Wie bereits sein Name Harsiesis, Isissohn zeigt, gehört er ganz der Göttin zu. Wohl wird er dem Osiris geboren und seine Erzeugung ist Offenbarung der ungebrochenen Lebenskraft dieses Gottes. Aber diese Kraft wird doch erst durch Isis geweckt. Man kann darum geradzu mit dem Gedanken spielen, daß die Göttin ihren Sohn aus eigener Kraft hervorbrachte. ‚Ich machte mich selbst zum Manne, obwohl ich eine Frau war' heißt es in einer Klage der Isis vor ihrem Gatten."[12]

Der Geburtsmythos existierte noch in der Spätzeit in relativ unveränderter Form. Angebracht waren die spätzeitlichen Bildfolgen in den Mammisi, den Geburtshäusern der Göttertempel, die bestimmten Götterfamilien, den so genannten Triaden (Vater, Mutter, Kind), geweiht waren. Der wesentliche Unterschied zu den älteren Bildfolgen bestand darin, dass nicht der verstorbene Herrscher wiedergeboren, sondern ein Kindgott geboren wurde. Jan Assmann meint, dass im Gegensatz zu den älteren Geburtsmythen durch die „Transposition des Geschehens in die Götterwelt" der Antagonismus von Götterwelt und menschlicher Welt in der Spätzeit aufgehoben worden sei. Somit sei auch die göttliche Zeugung zur „Überwindung der Grenze zwischen göttlicher und menschlicher Sphäre, das Mysterium der Verkörperung göttlichen Samens oder Pneumas im Fleisch" nicht mehr notwendig gewesen. Und aus diesem Grund hätte in der Spätzeit - anders als im Neuen Reich - die Geburt des Kindes im Mittelpunkt des Mythos gestanden, „und vor allem seine Überhäufung mit Segenskräften, die es instand setzen, die Herrschaft anzutreten und eine neue Heilszeit heraufzuführen".[13]

Ein Antagonismus in den älteren Geburtsmythen besteht aber nur dann, wenn wir Assmanns Deutung folgen und davon ausgehen, dass die Geschehnisse sowohl in der Götterwelt als auch in der menschlichen Welt stattfinden. Gehen wir allerdings davon aus, dass auch in den älteren Varianten nicht die Zeugung des Sohnes im Mittelpunkt des mythischen Geschehens,

---

[12] Hans Bonnet, Reallexikon der ägyptischen Religionsgeschichte, 1971, 327

[13] Assmann, Ägyptische Geheimnisse, 78

sondern die Wiedergeburt des verstorbenen Herrschers stand, dann existierte kein Antagonismus. Das komplette Geschehen fand in der Welt der Ahnen und Götter statt - im Jenseits. Das Diesseits war darin nur in Form der zum Geburtsmythos zugehörigen Kulthandlungen involviert - und selbst diese sind nicht wirklich der Menschenwelt zuzuordnen, denn wie Walter Otto es sagt, erhebt sich der Mensch bei seinem sakralen Tun in die göttliche Sphäre.

Der Geburtsmythos erzählt ein Geschehen, das sich, so wie es überliefert ist, im Jenseits ereignete. Im Mittelpunkt des Geschehens stand die Wiedergeburt der verstorbenen Hatschepsut. Das Kind und sein Ka - Hatschepsut als Neugeborenes - symbolisierten diese Verjüngung. Die Herrscherin wurde in die Welt der Ahnen und Götter hineingeboren und konnte von nun an aus dieser jenseitigen Sphäre heraus Heil und Segen bewirken.

Wir müssen den Geburtsmythos der Hatschepsut viel allgemeiner deuten, als dies gemeinhin getan wird. Ein Mythos hat einen überindividuellen Sinn, auch im Falle der Hatschepsut. Die im Geburtsmythos auftauchenden Personen werden zwar namentlich genannt, besetzen aber letztendlich lediglich mythische Rollen, denen nach Bedarf andere Namen zugeschrieben werden konnten: Thutmosis I. besetzt die Rolle des als Kind auferstandenen Ahnen, Iahmes als Gottesgemahlin die Rolle der Muttergöttin und Hatschepsut besetzt die Rolle des als Kind wiedergeborenen und in die Götterwelt integrierten Herrschers. Mit der Zuweisung anderer Namen wurde der Geburtsmythos für den jeweiligen verstorbenen König personalisiert. Der Mythos war immer der gleiche, aber jeweils auf einen bestimmten Herrscher zugeschnitten. So wie in der Spätzeit jedes Mammisi auf eine bestimmte Götterfamilie zugeschnitten war.

Die Wiedergeburt der Hatschepsut wird im Mythos als Geburt durch die Königinmutter Iahmes beschrieben, die wie alle Königinnen seit der 18. Dynastie den Amtstitel der Gottesgemahlin trägt. Als Gottesgemahlin ist Iahmes der Muttergöttin Mut, der Gattin Amuns gleichgesetzt. Sie trägt die Geierhaube, das göttliche Attribut der Mut. Gottesgemahlin und Göttin sind wesensgleich. Iahmes ist Mut.[14] Mut wiederum ist die Tochter des Sonnengottes, dem sie zugleich als Gattin zur Seite steht. Sie wird als weibliche Sonne aber auch als Sonnenmutter angesprochen. Mut ist die Allmutter: „die Mutter der Sonne, in der diese aufgeht". Hatschepsut wird also von Mut als Tochter der Sonne wiedergeboren. Sie gehört jetzt ebenso wie ihre verstorbenen Eltern der jenseitigen Ahnen- und Götterwelt an, von der sie begrüßt und in die sie von den göttlichen Ammen integriert wird, und von wo aus sie als wiedergeborene Herrscherin für das Wohl Ägyptens Sorge trägt. Das ist es, was der Mythos erzählt.

---

[14] C. E. Sander-Hansen, Das Gottesweib des Amun, 1940, 18f

Antwort auf den Leserbrief

Mit den einzelnen Punkten der Kritik bin ich nicht einverstanden:

Einen eindeutigen Beleg dafür, dass ich mit meiner Annahme bezüglich der Wiedergeburt Hatschepsuts richtig liege, liefert Hosam Refai: „Einige bemerkenswerte Darstellungen in thebanischen Tempeln des Neuen Reiches zeigen die weibliche Personifikation des Tempels, die als Mutter des Königs erscheint. Im Rahmen der religiösen Reformen des Neuen Reiches deuten diese Darstellungen auf eine grundlegende Änderung im Verständnis der Rolle des Totentempels hin. Der König wird nun inmitten seines Totenkultes - mit seinem Totentempel als Mutter - wiedergeboren und verjüngt."[15]

Die Annahme der Leserin, die Totentempel des Neuen Reiches dienten der Verehrung des lebenden Königs, ist falsch. Sie dienten der Verehrung des verstorbenen Königs. So schreibt z.B. Dieter Arnold: „In ihnen wird die Fortexistenz des Königs durch seine Verbindung mit dem Kult eines mächtigen Gottes (Amun, Osiris, Ptah) bewirkt, so daß im Kultbild und den Wandreliefs eine mystische Vereinigung beider eintritt."[16]

Die abgebildeten „diesseitigen Ereignisse und Handlungen aus dem Leben Hatschepsuts" können durchaus auch nach ihrem religiösen Sinn interpretiert werden, womit ein Bezug zum Totentempel gegeben wäre. Die Obelisken waren Amun-Re geweiht, aus Punt wurde Myrrhe und Weihrauch für die Tempel geholt usw. Und wenn diese Szenen, weil sie ohne Götter auskommen, von Frau Otto als „rein diesseitig" gedeutet werden können, dann ist es ebenso berechtigt anzunehmen, Szenen mit Göttern als jenseitig zu verstehen. Es macht zudem durchaus Sinn, dass der Mythos im Totentempel und nicht im Grab der verstorbenen Königin dargestellt wurde, denn die Wiedergeburt wurde von (vielleicht täglichen) Auferstehungsritualen begleitet, die im Grab nicht hätten durchgeführt werden können.

Es ist richtig, dass während bestimmter Feste der Elite der Zugang zu den Totentempeln - zumindest in einige Bereiche - gewährt wurde. Dabei muss man sich aber vor Augen führen, dass der Totentempel der Hatschepsut von ihrem siebten bis zu ihrem letzten Regierungsjahr, also 15 Jahre lang, eine mehr oder weniger große Baustelle war. Angenommen diese Elite hätte die Möglichkeit gehabt, sich während der Feierlichkeiten die schon fertig gestellten Darstellungen und Inschriften auch nicht öffentlicher Räumlichkeiten anzusehen. Was kann daraus geschlossen werden? Frau Otto sieht nur das Abhängigkeitsverhältnis der Königin von der Elite, ohne deren Zugeständnis Hatschepsut angeblich nicht hätte regieren können. Aber umgekehrt war die Elite mindestens genau so abhängig vom Wohlwollen der Königin. Es ist sehr unwahrscheinlich, dass sich Beamte, Priester und Militärs erst von einer späten Darstellung im Totentempel hätten überzeugen lassen, dass die schon Jahre zuvor gekrönte Königin doch zur Herrschaft legitimiert und die lange zurück liegende Zustimmung zu Hatschepsuts Thronbesteigung also richtig war.

Die Leserin hält sich, ohne explizit darauf zu verweisen, bei ihrer Ausführung über die

---

[15] Hosam Refai, Der Tempel als Mutter, in: SAK 30, 2002, 299ff
[16] Arnold, Lexikon der ägyptischen Baukunst, 2000, 164

Mythen in erster Linie an die Definitionen von Jan Assmann.[17] Wie aber der Begriff Mythos zu definieren ist, darüber streiten sich die Gelehrten schon seit Generationen - ein Fall für die Wissenschaftsgeschichte. Assmann sieht jedenfalls den Zweck des Geburtsmythos darin, „den Herrschaftsanspruch eines bestimmten Prätendenten mythisch zu fundieren". Sein Sinn sei es, „eine gegenwärtige Situation auf eine uranfängliche Geschichte hin auszudeuten". Damit meint er den noch zu legitimierenden Herrschaftsanspruch der Hatschepsut. Es handelt sich dabei aber nur um eine von mehreren Interpretationsmöglichkeiten. Im Übrigen war der Geburtsmythos keine „Erfindung" der Hatschepsut. Vieles spricht dafür, dass er auf ein Vorbild aus dem Alten Reich zurück geht.[18]

In den Beischriften zu den abgebildeten Szenen geht es um das Königtum an sich, genauer um das Gottkönigtum, dessen Repräsentantin in diesem Fall Hatschepsut war. Das, was ihre Herrschaft zu Lebzeiten ausmachte, wurde durch den Kult im Totentempel ewig fortgeführt. Die Königin wurde in der jenseitigen Ahnen- und Götterwelt wiedergeboren, von wo aus sie ihre Heil bringende Herrschaft weiterhin ausüben konnte. Und das ist zugleich der Diesseitsbezug des Wiedergeburtsmythos: Er wirkt auf die Menschwelt aus dem Jenseits heraus.

Es gibt meiner Meinung nach nur einen feinen Unterschied zwischen den Geburtsmythen der Göttertempel und denen der Totentempel: Erstere erzählen von der göttlichen Geburt des lebenden, letztere von der des verstorbenen Herrschers.

Bis zu seiner Inthronisation war der Herrscher ein normaler Mensch; die Krönung bildete den Abschluss seiner Initiation zum König. Ihr gingen bis ins Kleinste festgelegte Kulthandlungen voraus, die aus dem Menschen einen Gott werden ließen. Den Menschen gab es danach nicht mehr; er starb (einen rituellen Tod) und wurde als Gott (rituell) wiedergeboren. Der Geburtsmythos versinnbildlicht in den Göttertempeln die Transformation von einem natürlichen zu einem übernatürlichen Wesen und in den Totentempeln den endgültigen Übertritt von der Menschenwelt zur Ahnen- und Götterwelt.

Das Thema der Geburtsmythen ist m.E. ganz klar die als Geburt dargestellte Transformation. Es geht weder um die Thronerhebung noch um die Legitimation eines einzelnen Herrschers. Dazu brauchte es keinen Geburtsmythos. Das Königtum an sich war eine göttliche Institution.[19] Es geht um das Gottkönigtum, das vom jeweiligen König als übernatürliches, göttliches und anbetungswürdiges Wesen repräsentiert wurde. Könige kommen und gehen, aber die sich in ihnen manifestierende überindividuelle Institution des Gottkönigtums existiert ewig.[20] Darum wurde in den Göttertempeln die göttliche Geburt des lebenden und in den Totentempel die des verstorbenen Gottkönigs kontinuierlich rituell aktualisiert. Auf diese Weise wurde das – die diesseitige und jenseitige Sphäre umfassende - Gottkönigtum mit all seinen Inhalten wieder und wieder erneuert. Geburtsmythen sind meiner Meinung nach tatsächlich Wiedergeburtsmythen.

---

[17] Jan Assmann, Ägypten - Theologie und Frömmigkeit einer frühen Hochkultur, 1984, 135ff

[18] S. Hartwig Altenmüller, Auferstehungsritual und Geburtsmythos, in: SAK 24, 1997, 10f

[19] Zur rituellen Identität von König und Gott s. z.B. Gerhard Haeny, Zur Funktion der „Häuser für Millionen Jahr", in: HÄB 37, 1994, 101ff

[20] S. Lanny Bell, in: Byron E. Shafer (ed.), Temples of Ancient Egypt, 1998, 138ff

Ergänzung zur Antwort auf den Leserbrief

Meiner Meinung nach handelt sich bei dem sog. Geburtsmythos der Hatschepsut tatsächlich um einen Wiedergeburtsmythos. Ein Geburtsmythos steht nicht in Verbindung mit dem Totenkult desjenigen, dessen übernatürliche Geburt geschildert wird. Geburtsmythen finden sich in Göttertempeln (z.b. den spätzeitlichen Mammisi). Wiedergeburtsmythen hingegen finden sich in königlichen Totentempeln.

Es gibt weltweit in den verschiedensten Kulturen Geburtsmythen. Sie alle erzählen von außergewöhnlichen, mythischen Geburten ihrer Kultur- und Heilsbringer oder Religionsstifter. Keine dieser Mythen findet sich aber im Kontext eines Totenkultes. Der Ethnologe Klaus E. Müller schreibt: „Die Botschaft ist klar. Der paranormale Ursprung liefert die Legitimation dafür, daß der Hochgeborene [Held, Prophet, König, Schamane] seinen Anspruch auf Höherartung, das Herrscheramt und seine besonderen Privilegien zu Recht erhebt."[21] Es ist aber auch klar, dass dies nur da von Nöten war, wo eine göttliche Legitimation von vornherein nicht gegeben war, wie etwa bei Jesus oder Buddha. Zu diesen Geburtsmythen gehört auch der Mythos von der göttlichen Zeugung Alexanders des Großen. Seine Fremdherrschaft war zunächst einmal nicht göttlich legitimiert. Also wurde ein Mythos um seine göttliche Abstammung in Umlauf gebracht, der diesen Mangel behob. Zudem sah sich Alexander wohl tatsächlich als Heilsbringer - als Befreier Ägyptens.[22] Auch die göttliche Zeugung der ersten drei Herrscher der 5. Dynastie, die im Papyrus Westcar überliefert ist, gehört in diese Kategorie. Es geht darin um die übernatürliche Geburt von Userkaf, Sahure und Neferirkare. Diese Erzählung belegt aber nicht mehr als das, was unbestritten ist - die Göttlichkeit der altägyptischen Könige, deren Thronbesteigung jeweils als einen Neuanfang und Heilsbeginn angesehen wurde.

Der Mythos der Hatschepsut ist eindeutig im Zusammenhang mit ihrem Totenkult zu sehen, denn er wurde in ihrem Totentempel aufgezeichnet. So wie z.B. auch der Geburtsschrein Amenemhets II. (12. Dyn.) nicht in seinem Palast oder in der Pyramidenstadt, sondern in seinem Totentempel aufgestellt war.[23] Es geht also nicht um die lebende, sondern um die verstorbene Königin; also nicht um einen Geburts-, sondern um einen Wiedergeburtsmythos.

Jan Assmann meint, der Mythos „bezieht sich nicht auf die Urzeit als die sehr allgemein verstandene Vorgeschichte einer ebenso allgemein verstandenen Gegenwart, sondern auf die unmittelbare Vorgeschichte der unmittelbaren Gegenwart. Die Aufzeichnung dieses Mythos bildet Teil nicht der Grab-, sondern der Tempeldekoration; ihr Zweck betrifft nicht den toten, sondern den lebenden König".[24] Je nach Sinn und Zweck kann sich - nach Assmann - ein Mythos auf die Urzeit oder auf die unmittelbare Vergangenheit beziehen.

---

[21] Klaus E. Müller, Die gespenstische Ordnung. PSI im Getriebe der Wissenschaft, 2002, 13

[22] S.a. Jan Assmann, Weisheit und Mysterium. Das Bild der Griechen von Ägypten, 2000, 18f; s.a. Hans-Joachim Gehrke, Alexander der Große, 2000, 51

[23] S. Hartwig Altenmüller, Geburtsschrein und Geburtshaus, in: Peter Der Manuelian (Hg.), Studies in Honor of William Kelly Simpson, 1996, 27

[24] Jan Assmann, Ägypten - Theologie und Frömmigkeit einer frühen Hochkultur, 1984, 141f

Den Zweck des Geburtsmythos sieht Assmann darin, „den Herrschaftsanspruch eines bestimmten Prätendenten mythisch zu fundieren". Der Sinn des Mythos sei es, „eine gegenwärtige Situation auf eine uranfängliche Geschichte hin auszudeuten". Und weil Assmann mit der „gegenwärtigen Situation" den noch zu legitimierenden Herrschaftsanspruch meint, sieht seine Deutung des Geburtsmythos der Hatschepsut nicht die Geburt, sondern die „Thronerhebung" als das eigentliche Ereignis, um das es dabei geht: „Die Thronbesteigung wird auf einen göttlichen Eingriff zurückgeführt und dieser Eingriff zurückdatiert bis vor die Zeugung: bis auf die geistige ‚Konzeption' des Königs im Willen Gottes." Dem entsprechend interpretiert Assmann den Geburtsmythos der Hatschepsut als einen „legitimierenden Mythos".[25] Abgesehen davon hält Jan Assmann es für kaum denkbar, „daß man die Vorgänge um Zeugung und Geburt als Ritual begangen hätte".[26] Hartwig Altenmüller hat aber nachgewiesen, dass zum Geburtsmythos der Hatschepsut Auferstehungsrituale gehörten, die es wiederum mehr als plausibel erscheinen lassen, dass sich diese nicht auf eine legitimierende Geburt, sondern auf eine Wiedergeburt beziehen.[27]

Es gibt aber auch Definitionen des Begriffs Mythos, die Assmanns Interpretation in Frage stellen. Nach dem Religionswissenschaftler Mircea Eliade z.B. enthält jeder Mythos bestimmte, immer gleich lautende Elemente. Und diese können nicht - wie Assmann dies tut - je nach vermeintlichem Sinn und Zweck unterschiedlich gedeutet werden. Der Ethnologe Josef Franz Thiel hat diese Elemente wie folgt zusammengefasst: „a. Er erzählt immer eine wahre Geschichte. Das Erzählte läßt sich immer als wahr erweisen, da es existiert. Eine Mythe über den Ursprung des Todes ist wahr, weil es den Tod wirklich gibt. b. Die erzählte Geschichte ist sakral oder heilig; sie ist dem profanen Bereich entzogen. c. Der Mythos handelt von der Urzeit der Schöpfung. Es muss sich nicht um die absolute Urzeit handeln, sondern um einen Neubeginn... d. Die erzählte Geschichte ist exemplarisch für die Jetztzeit. Der Mythos hat normativen Charakter für den Glauben wie für die Riten. Wenn man glaubt und handelt wie in jener Zeit des Neubeginns, dann ist man orthodox und des Heils gewiß. e. Der Mythos wird zelebrierend wiederholt, und auf diese Weise wird die Urtat jetzt wieder präsent und wirksam. f. Die handelnden Personen sind im Mythos übermenschliche Wesen."[28]

All diese Merkmale finden sich sowohl bei den Geburtsmythen als auch bei dem Wiedergeburtsmythos der Hatschepsut. Bei ersteren geht es um den Heil bringenden Neubeginn durch den diesseitigen König, bei letzterem um den Heil bringenden Neubeginn durch die jenseitige Königin. Beide Varianten erklären und bestätigen die Göttlichkeit des Königs bzw. des Königtums.

Hartwig Altenmüller schreibt: „Das im Bildzyklus dargestellte Ereignis ist die Wiederholung der realen Geburt des Königs in der Jenseitswelt unter den Göttern".[29] Es geht in den Beischriften um das Königtum an sich. Sie beschreiben zum einen das reziproke Verhältnis zwischen den Göttern und der Königin - sie bekommt die göttliche Herrschaft übertragen und sorgt als Gegengabe für die Götter. Und zum anderen geht es um das Einssein von Königin

---

[25] Assmann, Theologie und Frömmigkeit, 143f
[26] Assmann, Theologie und Frömmigkeit, 143
[27] Hartwig Altenmüller, Auferstehungsritual und Geburtsmythos, in: SAK 24, 1997, 1ff
[28] Josef Franz Thiel, Mythos, in: Walter Hirschberg (Hg.), Neues Wörterbuch der Völkerkunde, 1988, 331
[29] Altenmüller, Auferstehungsritual und Geburtsmythos, 11f

und Schöpfergott. Das, was die Herrschaft der Hatschepsut zu Lebzeiten ausmachte, wurde durch den Kult im Totentempel ewig fortgeführt. Die Königin blieb auch nach ihrem Tod eine Königin. Sie wurde in die Ahnen- und Götterwelt aufgenommen, von wo aus sie ihre Heil bringende Herrschaft weiterhin ausüben konnte.